¿Había dinosaurios de diferentes tamaños?

¿Por qué algunos eran tan grandes?

¿Los dinosaurios comían mucha hierba?

?

¿Cuáles eran los dinosaurios más terribles?

¿Cómo se defendían?

¿Eran cariñosos?

¿Cómo era un bebé dinosaurio?

¿A dónde se fueron los dinosaurios?

Los dinosaurios

Título original: *Les dinosaures*

© 2013 Éditions Milan
© 2013 Pascale Hédelin (texto)
© 2013 Sébastien Chebret (ilustraciones)
Concepto, diseño y dirección de arte: Emma Rigaudeau

Originalmente publicado en Francia por Éditions Milan

Traducción: Adriana Romero-Nieto

D.R. © Editorial Océano, S.L.
Milanesat 21-23, Edificio Océano
08017 Barcelona, España
www.oceano.com

D.R. © Editorial Océano de México, S.A. de C.V.
Eugenio Sue 55, Polanco Chapultepec
Miguel Hidalgo, 11560, Ciudad de México
www.oceano.mx
www.oceanotravesia.mx

Primera edición: 2018

ISBN: 978-607-527-411-9

IMPRESO EN CHINA / *PRINTED IN CHINA*

Los dinosaurios

Texto de **Pascale Hédelin**
Ilustraciones de **Sébastien Chebret**

OCEANO travesía

¿Realmente existieron los dinosaurios?

Estos animales tan extraordinarios vivieron en la Tierra y dejaron varias pruebas de su existencia, que los eruditos han estudiado cuidadosamente: ¡para ellos son verdaderos tesoros!

Hace mucho tiempo, aquí, en el fondo del río, murió un dinosaurio. Quedó sepultado en el fango y la arena y, poco a poco, su esqueleto se transformó en piedra. Es un **fósil**, del cual ya sólo quedan pedazos.

Los **eruditos** buscan en terrenos específicos huesos, dientes, huevos, huellas o incluso excrementos de dinosaurio fosilizados. Es un trabajo de hormiga. Cuando los encuentran, ¡su corazón se acelera! Los extraen y los llevan al **laboratorio** para analizarlos.

A partir de algunos huesos, los eruditos logran reconstruir un **esqueleto** completo, como si fuera un rompecabezas.

Entonces, un escultor hace una copia de los huesos y los ensambla para exponerlos en un **museo.**

¿Había dinosaurios cuando el abuelo era pequeño?

Los dinosaurios dominaron el planeta durante la era Mesozoica, hace millones de años; después desaparecieron.

Los **humanos** no los conocieron, pero otros animales vivieron al mismo tiempo que ellos...

Algunos animales pequeños parecidos a las ratas paseaban por el planeta, también había **lagartijas** y **ranas**.

Los cocodrilos y las tortugas nadaban en ríos. Ya existían las moscas, las arañas, los escorpiones, los saltamontes y las libélulas. Son los **ancestros** de los animales que ves hoy en día.

¿El diplodoco y el tiranosaurio se conocieron?

No todos los dinosaurios vivieron al mismo tiempo. Por ejemplo, cuando el tiranosaurio apareció sobre la Tierra, el diplodoco ya no existía. ¡Es imposible que se conocieran!

¿Los dinosaurios vivían en toda la Tierra?

Estas criaturas habitaban en todas las regiones del mundo.
Pero en su época la Tierra era muy diferente a como es ahora...

Cuando aparecieron los primeros dinosaurios, en el planeta sólo había una gran extensión de tierra; poco a poco se dividió en dos, como se ve aquí a la izquierda, y después en el Jurásico se **dividió** en varios continentes. ¡Así que los dinosaurios se **dispersaron** por todos lados!

En su época, el clima era cálido y húmedo. Llovía **continuamente,** por lo que había pantanos y muchas plantas, lo cual era ideal para los dinosaurios.

En el sur de **Francia,** vivían los ampelosaurios, unos dinosaurios enormes que se alimentaban de plantas. En ese entonces, Francia estaba hecha de islas rodeadas de mares; ¡había grandes planicies pero aún no había montañas!

¿Había dinosaurios de diferentes tamaños?

Pequeños, medianos, grandes o gigantes...
existieron dinosaurios de todos los tamaños y sus
formas eran muy variadas. ¡Descúbrelas!

Algunos dinosaurios eran más pequeños que un gato;
otros, como el stygimoloch, alcanzaban más o menos
el tamaño de un hombre. Otros eran todavía más
grandes, algunos tenían crestas, espinas y picos,
¡cuánta **diversidad!**

Como las tortugas y las serpientes, los dinosaurios son **reptiles,** pero sus patas se situaban debajo del cuerpo y no a los lados. Esa posición es menos agotadora y les permitía caminar rápido, sobre dos o cuatro patas, en vez de reptar.

Los eruditos descubrieron más de **1 000 especies** diferentes en todo el mundo. Pero existieron muchas más, que todavía son desconocidas.

¿Por qué tienen nombres extraños?

Los científicos les dieron nombres eruditos a los dinosaurios. Algunos relacionados con su cuerpo: triceratops significa "tres cuernos", otros indican el lugar en el que fueron descubiertos: ampelosaurio significa "lagarto de viñedo".

13

¿Por qué algunos eran tan grandes?

¡Bienvenido a la tierra de los gigantes! Los braquiosaurios y sus primos están entre los animales más grandes que jamás hayan existido; por suerte, eran sobre todo pacíficos...

Los dinosaurios muy pesados se desplazaban con **lentitud** y desperdiciaban menos energía que los pequeños. Sus cuatro musculosas patas sostenían muy bien su peso, como columnas.

Más largo que dos autobuses, el braquiosaurio **impresionaba** a sus enemigos por su tamaño. Es muy probable que incluso los enormes carnívoros, como el alosaurio, lo pensaran dos veces antes de atacarlo.

Gracias a su larguísimo cuello, el braquiosaurio podía alcanzar la parte superior de los árboles para masticar sus hojas, ¡qué práctico! Si viviera hoy en día, podría alcanzar el techo de un edificio ¡de cinco plantas! Debía **comer mucho** para nutrir su enorme cuerpo.

¿Cuál es el dinosaurio más grande de todos?

El campeón de los pesos pesados es el argentinosaurio. Se parece al braquiosaurio, ¡pero es todavía más grande! Se cree que pesaba 80 toneladas, ¡lo mismo que 12 elefantes! Antes de volverse adulto, subía 50 kg cada día.

¿Los dinosaurios comían mucha hierba?

Los herbívoros eran numerosos y se nutrían de todo tipo de plantas. Se la pasaban comiendo todo el tiempo. Dependiendo de su tamaño, cada uno masticaba lo que le quedaba a la altura del hocico.

El **menú** de los herbívoros estaba conformado por hojas, agujas de pino, ramas, piñas... alimentos bastante duros y difíciles de digerir.

El ouranosaurio podía **masticar las plantas,** pero otras especies **tragaban piedras** que aplastaban la comida en su estómago.

Las plantas con flores, cortas y tiernas, eran perfectas para los más pequeños. Pero los dinosaurios comían **muy poca hierba,** ya que ésta no existió sino hasta el final de su época.

¡Cuántos **estragos!** Para satisfacer su apetito, los enormes dinosaurios arrancaban ramas enteras. Acababan con muchos árboles y debían viajar continuamente para encontrar nuevos lugares donde alimentarse.

¿Cómo sabemos
cómo eran?

Los fósiles de dinosaurios tienen restos de músculos o la marca de una cresta, con esta información los eruditos pueden reconstruir a estos animales de forma aproximada. Pero también pueden equivocarse y por eso todavía quedan muchos misterios por resolver.

Antes se creía que el iguanodonte tenía un cuerno en la nariz, después se descubrió que era una garra enorme. Por otra parte, el color de los dinosaurios sigue siendo una incógnita.

Hace poco se descubrieron restos de **plumas** sobre fósiles de dinosaurios. Por eso se cree que muchos de ellos las tenían y que los ayudaban a mantenerse calientes, pero no les servían para volar. Es probable que el tiranosaurio tuviera plumas.

Todavía no se sabe cómo era su **piel**: ¿abultada, cubierta de placas o de escamas? En todo caso, protegía a los dinosaurios del calor... ¡y de los golpes!

¿Cómo cazaban?

Dependiendo de su especie, los dinosaurios tenían diferentes tácticas para cazar y pescar: los más pesados acechaban a sus presas, los más ágiles las perseguían.

El pelecanimimus, que era bastante ágil y rápido, **perseguía** sobre todo a bichos pequeños, como insectos o lagartijas.

El baryonyx era grande y no muy avispado. Para cazar, acechaba a sus **presas:** inmóvil, se escondía en la orilla y aguardaba el momento oportuno. Entonces, capturaba a los peces con su hocico de cocodrilo o con sus largas garras. Del mismo modo **atrapaba** a pequeños **iguanodontes.**

Garras, dientes, músculos... ¡los cazadores estaban **bien equipados!** Para detectar a sus presas, utilizaban sus **sentidos**: en particular, la vista y el olfato. ¡Y cuidado: algunos eran muy inteligentes!

¿Cazaban en grupo?

Algunos sí, en particular los más rápidos, como el deinónico. Perseguían a su presa en manada hasta cansarla, tal como hacen los lobos. Después, todos juntos, se abalanzaban sobre ella.

¿Cuáles eran los dinosaurios más terribles?

Los grandes dinosaurios carnívoros, es decir, los que se alimentaban de carne, eran cazadores poderosos y temibles. Pero algunos pequeños que cazaban en grupo eran, sin duda, todavía más poderosos...

¡Qué monstruo! El tiranosaurio era **gigante** y muy fuerte. Atacaba a sus presas por sorpresa y las mordía con su enorme hocico lleno de **dientes afilados.** Pero no corría rápido por lo que, ese perezoso, se alimentaba también de animales muertos.

El dilofosaurio era robusto, **rápido...** e impresionante. Pero su mandíbula no era muy poderosa y es muy probable que atacara a presas más pequeñas que él.

Los velocirráptores eran pequeños, pero había que tener cuidado con ellos porque eran **astutos** y **ágiles:** se abalanzaban con toda su fuerza sobre sus víctimas y las despedazaban con las largas garras de sus patas, como puñales. ¡Eran unos verdaderos asesinos!

¿Cómo se defendían?

¡Desde luego que no se iban a dejar comer así nada más! Los herbívoros tenían diferentes medios para defenderse, solos o entre varios. ¡Y, a pesar de su aspecto tranquilo, podían ser temibles!

Vivir en grupo era muy útil para **ayudarse mutuamente.** Ante la amenaza de albertosaurios hambrientos, los centrosaurios formaban un círculo para crear una barrera y proteger a sus pequeños. ¡Cuidado con su gran cuerno!

¡Nada mejor para protegerse que una buena **armadura** cubierta de picos! El anquilosaurio también tenía un arma terrible en la punta de su cola: un pesado garrote con el que podía demoler la cabeza de un enemigo.

Para defenderse, el diplodoco **fustigaba a sus enemigos** con su larga cola. Como ésta era flexible y potente, podía lanzarla contra los ojos y las patas de sus contrincantes, para enrollarla alrededor de ellos y derribarlos.

¿Hablaban entre ellos?

Como todos los animales, los dinosaurios tenían cosas que decirse: "¡Vete, ésta es mi casa!", "¡Cuidado!", "¡Tengo hambre!"... se comunicaban a su manera.

Los dinosaurios sin duda podían **cambiar de color** para expresar su estado de ánimo. Las placas del estegosaurio tal vez se volvían rojizas para impresionar a sus enemigos o para atraer a una hembra.

Los pequeños dinosaurios seguramente gorjeaban como aves: **¡Piiii!** Los gigantes lanzaban gritos potentes y graves: **¡Pooooo!** El parasaurolofo inflaba las mejillas y soplaba aire por la nariz en su cresta en forma de tubo, lo que provocaba un gruñido sordo: **¡Grrooo!**

Los **movimientos** del cuerpo, de las patas y de la cabeza formaban parte del lenguaje de los dinosaurios. Este troodón ¿te parece amigable o amenazante?

¿Los dinosaurios sabían nadar?

Los dinosaurios no vivían en el agua pero sabían nadar, incluso los más grandes. En el mar había diferentes tipos de reptiles marinos. He aquí algunos, ¡aunque no son dinosaurios!

El ictiosaurio se parecía a los delfines. Su poderosa cola lo **propulsaba con rapidez.** No ponía huevos y sus bebés sabían nadar desde que nacían.

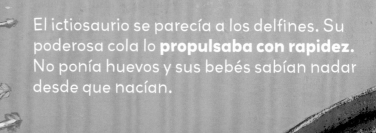

¡Cuidado con el pliosaurio! Ese robusto imponente detectaba a sus presas por el olor y las mordía muy fuerte. Podía **cazar grandes presas,** como el plesiosaurio y el ictiosaurio que ves aquí. Como todos los reptiles marinos, respiraba fuera del agua, sin duda por la boca.

El plesiosaurio tenía un cuello muy largo y una cabecita. **Nadaba bien** gracias a sus cuatro grandes aletas. Era impresionante pero perseguía presas pequeñas, como los amonites.

¿Los dinosaurios y los reptiles marinos se peleaban?

Como estos animales vivían en mundos distintos, no había razón para pelearse. Pero si un pequeño dinosaurio nadaba en el mar, ¡podía ser devorado!

29

¿Los dinosaurios podían volar?

En el cielo prehistórico había extrañas criaturas que volaban, tenían alas grandes hechas de piel y un largo pico a veces equipado con dientes. No eran aves ni dinosaurios, sino reptiles voladores.

¡Qué pico tan grande tenía el dimorphodon! Como todos los reptiles voladores, sus alas estaban provistas de **tres grandes dedos con garras.**

El pteranodonte batía sus alas con fuerza para elevarse en el cielo. Después podía **planear** durante horas, tomando impulso en el aire. En tierra, caminaba en cuatro patas.

He aquí el más grande de los reptiles voladores: el quetzalcoatlus. ¡Sus alas extendidas tenían el tamaño de un **autobús!** Pero era ligero: pesaba lo mismo que un hombre.

Algunos pequeños dinosaurios emplumados, que corrían y trepaban, poco a poco **se transformaron en aves.** El ave más antigua conocida es el arqueoptérix.

¿Eran cariñosos?

Cuando llegaba la época del amor, los machos y las hembras se juntaban. Para gustar a las hembras y aparearse con ellas, los machos ¡se pavoneaban y se peleaban!

¡Bam! Estos dos paquicefalosaurios **se pelean** con golpes en la cabeza. No se lastiman, su cráneo está cubierto por un bulto sólido. El vencedor tendrá el derecho de volverse padre.

Para **seducir a su amada,** el triceratops desplegaba su gola del cuello, la cual tal vez cambiaba de color. La hembra escogía al macho que tenía la gola más grande, o al más fuerte, o al más espabilado, para hacer bebés con él.

No se sabe si había **diferencias** entre los machos y las hembras; tal vez el hadrosaurio macho tenía una cresta más grande que la de la hembra. **Se reconocían** muy bien entre ellos con ayuda del olfato, por ejemplo.

¿Los dinosaurios vivían en familia?

¡Es un misterio! Se piensa que algunos vivían en manadas, que agrupaban a adultos y pequeños. Otros quizás eran solitarios y se reunían sólo para reproducirse. ¡Pero no es seguro!

¿Cómo era un bebé dinosaurio?

Los dinosaurios ponían huevos. Al nacer, algunos bebés eran capaces de arreglárselas completamente solos y dejaban el nido. A otros, papá y mamá los consentían.

Para mantener calientes sus huevos y protegerlos, la hembra ovirraptor **los incubaba.**

El diplodoco, en cambio, los **enterraba** para incubarlos, pues era demasiado pesado para posarse sobre ellos.

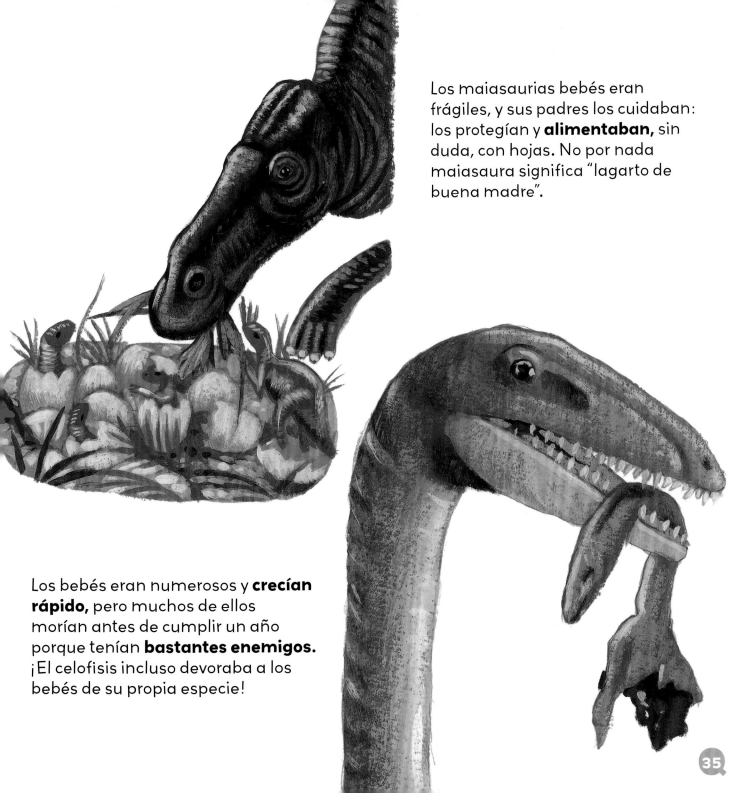

Los maiasaurias bebés eran frágiles, y sus padres los cuidaban: los protegían y **alimentaban,** sin duda, con hojas. No por nada maiasaura significa "lagarto de buena madre".

Los bebés eran numerosos y **crecían rápido,** pero muchos de ellos morían antes de cumplir un año porque tenían **bastantes enemigos.** ¡El celofisis incluso devoraba a los bebés de su propia especie!

¿A dónde se fueron los dinosaurios?

No había animal más fuerte que los dinosaurios. Sin embargo, finalmente todos desaparecieron de la Tierra debido a un gran acontecimiento... ¡que todavía es un misterio!

Un día, una enorme roca llegó del espacio y se estrelló con la Tierra. El choque causó una terrible **explosión** que provocó terremotos y que el mar se desbordara.

Además, los enormes **volcanes** hicieron erupción. Los gases y las nubes de cenizas que se escaparon ocultaron la luz del sol y la Tierra quedó sumida en la oscuridad y el frío.

Sin luz, las plantas murieron. Poco a poco, los dinosaurios murieron seguramente de **hambre y frío,** así como los reptiles marinos y voladores. Otros animales, como cocodrilos, aves, peces y mamíferos pequeños sobrevivieron, protegidos en los ríos, el lodo y las madrigueras.

¿Algún día van a regresar?

No, los dinosaurios desaparecieron y nunca regresarán a la Tierra. Algunas personas sueñan con revivirlos, pero no es posible. Y, ¡qué bueno, ya que no podrían vivir entre nosotros!